Wenn Sie an weiteren Informationen über Applied Scholastics in Deutschland oder an einem Grammatikkurs interessiert sind, melden Sie sich unter Tel. 0911/6002044.

Applied Scholastics und das Applied-Scholastics-Symbol sind Marken im Besitz der Association for Better Living and Education International und werden mit deren Erlaubnis benutzt.

Herstellung und Verlag: BoD – Books on Demand, Norderstedt
ISBN: 9783759768223

MIX
Papier aus verantwortungsvollen Quellen
Paper from responsible sources
FSC® C105338
FSC
www.fsc.org

Vorwort

Dieses Buch entstand aufgrund meiner langjährigen Erfahrungen im Nachhilfe- bzw. Förderunterricht mit Schülern und Erwachsenen.

Immer wieder stellte sich heraus, dass grundlegende Begriffe nicht verstanden waren, wenn ein Fachgebiet Schwierigkeiten machte. So möchte ich Ihnen auch ans Herz legen, dieses Grammatikbuch in der vorgegebenen Reihenfolge zu lesen, da neue Begriffe immer erst erklärt werden und für das Verstehen der darauf folgenden Themen sehr wichtig sind. Dieses Grammatikbuch baut auf das Grammatikbuch über die zehn Wortarten (Teil 1) auf.

Nachdem Grammatik oft als ein trockenes Gebiet angesehen wird, war es mein Anliegen, ein Grammatikbuch zu erstellen, das viele Bilder, einfache Erklärungen und genügend Beispiele enthält, um ein Verständnis der Materie zu erleichtern.

Besonders danken möchte ich L. Ron Hubbard. Seine Forschungen und Erkenntnisse im Bereich des Lehrens und Lernens haben mir ermöglicht, anderen dabei zu helfen, sich Wissen effektiver anzueignen.

Die von L. Ron Hubbard entwickelte Lernmethode wird durch das weltweite Bildungsnetzwerk Applied Scholastics verbreitet. „Applied" bedeutet so viel wie „zur Anwendung gebracht" und „Scholastics" bedeutet in diesem Zusammenhang so viel wie „Bildung". Zusammengesetzt bedeutet es etwa „zur Anwendung gebrachte Bildung". Also etwas lernen, um es praktisch anzuwenden, im Gegensatz zu bloßem theoretischem Wissen.

Ich hoffe, dass Ihnen das vorliegende Buch beim Verstehen helfen wird, wie und warum Wörter in einem Satz abgeändert werden müssen.

Sollten Sie Probleme beim eigenständigen Durcharbeiten haben, besteht auch die Möglichkeit, einen Grammatikkurs bei einer der Applied-Scholastics-Niederlassungen zu belegen.

Zirndorf, 2. März 2019

Marita Grübl

BILDUNGSANGEBOTE UND -MATERIALIEN
BASIEREND AUF DEN WERKEN VON L. RON HUBBARD

Wichtiger Hinweis

Achten Sie beim Lesen stets sehr sorgfältig darauf, niemals über eine Unklarheit oder ein missverstandenes Wort hinwegzugehen. Wenn der Text an einer Stelle verwirrend für Sie wird, dann lesen Sie nicht weiter, sondern gehen Sie zu der Stelle zurück, an der der Lehrstoff noch leicht verständlich war, und finden Sie das missverstandene oder nicht verstandene Wort.

Deutsche Grammatik in Bildern

In vier aufeinander aufbauenden Teilen wird die deutsche Grammatik einfach erklärt.

Grammatik: Die zehn Wortarten	Die Zeitformen des Verbs	Veränderung der Wortarten	Grammatik: Die Satzglieder

9 783759 766830	9 783759 767721	9 783759 768223	9 783759 768230

Wie kann man sein Wissen vertiefen?

Passende Übungen zum Grammatikbuch mit Lösungsteil, einfach den Link eingeben: https://grammatik.maritagruebl.de

Inhaltsverzeichnis

Abschnitt 1

Was ist Grammatik?

Grammatik zeigt uns, wie man Wörter richtig benutzt und wie man diese in Sätzen korrekt verbindet, damit andere unsere Gedanken verstehen können. Grammatik gibt die Regeln an, wie eine Sprache zu verwenden ist. Wir benötigen sie buchstäblich jeden Tag.

Abschnitt 2

Die Veränderung der Wortarten

Viele Wörter in unserer Sprache werden in Sätzen in abgeänderten Formen verwendet. Hier folgt eine Übersicht, welche Wortarten verändert werden und welche nicht.

<u>Beispiele:</u>
Der Tag ist sehr sonnig.
Das Programm **des Tages** war sehr gut geplant.
Ich sehe **dem Tag** mit großer Freude entgegen.
Man soll **den Tag** nicht vor dem Abend loben.

Von den 10 Wortarten werden ...

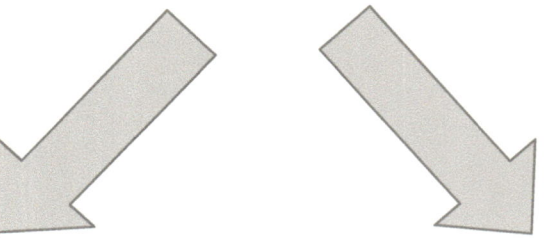

verändert	nicht verändert
Nomen	Adverb
Artikel	Präposition
Adjektiv	Konjunktion
Pronomen	Interjektion
Numerale	
Verb	

Um was geht es in diesem Grammatikbuch?

In diesem Grammatikbuch geht es um die Wortarten, die im Satz verändert werden können, also um Nomen, Artikel, Adjektive, alle Pronomen und Numerale.

Die Veränderung der Verben und ihre Zeitformen werden im Teil 2 der Serie behandelt.

Abschnitt 3

Die Veränderung des Nomens

1. Numerus – Singular und Plural

Das lateinische Wort Numerus heißt übersetzt *Zahl* und wird verwendet, um die Anzahl des genannten Wortes anzugeben. Es gibt zwei Numerusformen: Singular und Plural.

Singular bedeutet, dass nur von <u>einem</u> Gegenstand oder <u>einem</u> Lebewesen die Rede ist. Der deutsche Begriff für Singular heißt Einzahl.

Herkunft Singular: lat. singularis = zum Einzelnen gehörig

Plural bedeutet, dass von <u>mehreren</u> Gegenständen oder <u>mehreren</u> Lebewesen die Rede ist. Der deutsche Begriff für Plural heißt Mehrzahl.

Herkunft Plural: lat. plus = mehr bzw. plures = mehrere

<u>Beispiele:</u>

Einzahl/Singular

Mehrzahl/Plural

Einzahl/Singular

Mehrzahl/Plural

Bildung des Plurals

Zur Bildung des Plurals kann das Nomen seine Form verändern.
Es gibt verschiedene Möglichkeiten, den Plural zu bilden.

Pluralbildung	Singular	Plural
ein **e** wird angehängt	das Pferd	die Pferd**e**
ein **e** wird angehängt + Umlaut*	die Nuss	die N**ü**ss**e**
ein **er** wird angehängt	der Geist	die Geist**er**
ein **er** wird angehängt + Umlaut	das Bad	die B**ä**d**er**
mit einem Umlaut	die Mutter	die M**ü**tter
keine Veränderung	der Tiger	die Tiger
ein **s** wird angehängt	das Sofa	die Sofa**s**
ein **en** wird angehängt	der Mensch	die Mensch**en**
ein **n** wird angehängt	die Flasche	die Flasche**n**

* Der Wechsel von *a* zu *ä*, von *u* zu *ü* und von *o* zu *ö* wird
  Umlaut genannt.

Singular: der Baum

Plural: die Bäume

Pluralbildung im Wörterbuch nachschlagen

Wenn man sich nicht sicher ist, wie der Plural eines Nomens gebildet wird, kann man in einem Wörterbuch nachschauen. Manchmal steht die Pluralbildung ausgeschrieben neben dem Stichwort wie zum Beispiel bei den Wörtern „Mutter" und „Bad".

Meist ist nur die Endung in der ersten Zeile des Wörterbucheintrages angegeben. Welcher Eintrag für die Pluralbildung ist, können Sie an den unten aufgeführten Beispielen erkennen. Im Wörterbuch werden bei Nomen gewöhnlich nur zwei Endungen aufgeführt, nämlich für den Genitiv (siehe Seite 13) und den Plural, wobei der Plural an zweiter Stelle steht.

Beispiele:

Sofa Stichwort	das; Geschlecht des Nomens	-s,	-s Endung beim Plural
Frau Stichwort	die; Geschlecht des Nomens	-,	-en Endung beim Plural
Fisch Stichwort	der; Geschlecht des Nomens	-s,	-e Endung beim Plural
Vater Stichwort	der; Geschlecht des Nomens	-s,	Väter Pluralbildung

Nomen ohne Singular und Nomen ohne Plural

Es gibt Nomen, die keinen Singular haben und es gibt Nomen, die keinen Plural haben.

Beispiele:

Nomen ohne Singular	Nomen ohne Plural
die Eltern	der Quark
die Ferien	der Schlaf
die Kosten	die Milch
die Leute	die Butter

Die Ferien

Der Schlaf

Pluralformen von Fremdwörtern

Fremdwörter haben oft besondere Pluralformen. Auch diese kann man in einem Wörterbuch nachschlagen. Hier sind einige Beispiele:

Singular
das Museum
das Prinzip
das Datum
das Zentrum

Plural
die Museen
die Prinzipien
die Daten
die Zentren

2. Kasus – die vier Fälle

Ein Nomen kann im Satz verschiedene Aufgaben haben. Diese Aufgaben heißen „Fälle" oder auch *Kasus* (sowohl im Singular als auch im Plural). Es gibt vier Fälle. Zur Bildung der unterschiedlichen Fälle kann das Nomen seine Endung verändern und drückt so seine Beziehung zu anderen Satzteilen aus.

Herkunft Kasus: lat. casus zu: cadere = fallen

Beispiele für die verschiedenen Aufgaben des Nomens im Satz:

Die **Schülerin** lernt

Hier zeigt das Nomen, dass die Schülerin aktiv ist.

Das Geschenk des **Mädchens** ist toll

Hier drückt das Nomen ein Besitz-verhältnis aus.

Die Verkäuferin verkauft der **Kundin** Kleidung

Hier stellt das Nomen *Kundin* den „Empfänger" der Handlung dar.

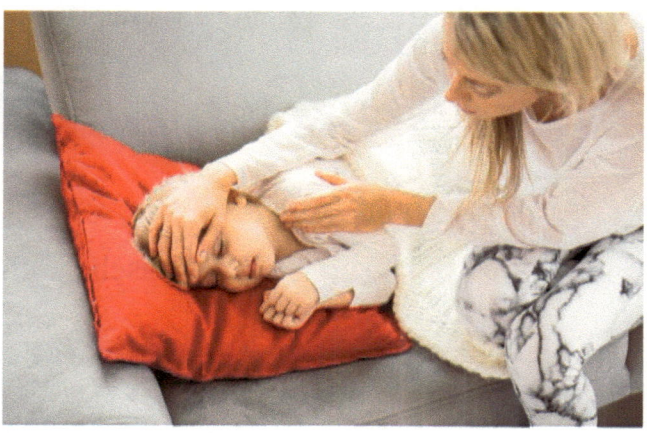

Die Mutter pflegt das **Kind**

Kind = Person, die nicht aktiv handelt aus der Sicht der Mutter

Der 1. Fall: der Nominativ

Der 1. Fall sagt, **wer** etwas tut. Er heißt „Werfall" und im Lateinischen Nominativ. Man findet den Nominativ in einem Satz mit der Frage **„wer oder was?"**.

Herkunft Nominativ: spätlat. (casus) nominativus = zur Nennung gehörend

Beispiele:

Die Ferkel liegen im Stroh.

Wer oder was liegt im Stroh?

Antwort: die **Ferkel.**

Das Chamäleon hält sich am Ast fest.

Wer oder was hält sich am Ast fest?

Antwort: das **Chamäleon.**

Die Flasche enthält Öl.

Wer oder was enthält Öl?

Antwort: die **Flasche.**

Der 2. Fall: der Genitiv

Der 2. Fall sagt, wem etwas gehört. Er drückt also ein Besitzverhältnis aus. Er heißt „Wesfall" und der lateinische Ausdruck lautet Genitiv. Man findet den Genitiv in einem Satz mit der Frage „**wessen?**".

Herkunft Genitiv: lat. (casus) genitivus = die Herkunft, Zugehörigkeit bezeichnend

<u>Beispiele:</u>

Die Gitarre des Mädchens ist neu.

Wessen Gitarre ist neu?

Antwort: die Gitarre des **Mädchens.**

Die Schürze der Frau ist rot.

Wessen Schürze ist rot?

Antwort: die Schürze der **Frau.**

Die Tochter meiner Freundin ist nett.

Wessen Tochter ist nett?

Antwort: die Tochter meiner **Freundin.**

Der 2. Fall drückt auch eine **Zugehörigkeit** aus. Wenn etwas zugehörig ist, dann bedeutet das, dass es zu etwas dazugehört, also Teil eines Ganzen oder einer Gruppe ist.

Beispiele:

Die Blumenkästen des Hauses sind wunderschön bepflanzt.

Wessen Blumenkästen sind wunderschön bepflanzt?

Antwort: die Blumenkästen des **Hauses.**

Die Brückenpfeiler der Brücke sind riesig.

Wessen Brückenpfeiler sind riesig?

Antwort: die Brückenpfeiler der **Brücke.**

Die Ziegel des Daches sind neu.

Wessen Ziegel sind neu?

Antwort: die Ziegel des **Daches.**

Der 3. Fall: der Dativ

Der 3. Fall wird Dativ genannt und im Deutschen Wem-Fall. Sein Name rührt daher, dass er den Empfänger des Gegebenen bezeichnet. Beim dritten Fall benutzt man die Frage „wem?".

Herkunft Dativ: lat. (casus) dativus = das Geben betreffend

Beispiele:

Die Kosmetikerin trägt **der Kundin** eine Maske auf.

Wem trägt die Kosmetikerin eine Maske auf?

Antwort: der **Kundin.**

Die Kinder helfen der Mutter.

Wem helfen die Kinder?

Antwort: der **Mutter.**

Maria hilft ihrem Patenkind.

Wem hilft Maria?

Antwort: ihrem **Patenkind.**

Der 4. Fall: der Akkusativ

Der 4. Fall ist der Akkusativ. Er heißt auch Wen- oder Wasfall. Aus der Sicht der handelnden Person gibt der Akkusativ die Wirkung für das Geschehen im Satz an. Beim vierten Fall benutzt man die Frage **„wen oder was?"**.

Herkunft Akkusativ: lat. (casus) accusativus = die Anklage betreffend; nicht korrekt übersetzt aus griech. (ptosis) aitiatike = Ursache und Wirkung betreffend

Beispiele:

Der Junge liest ein Buch.

Wen oder was liest der Junge?

Antwort: ein **Buch.**

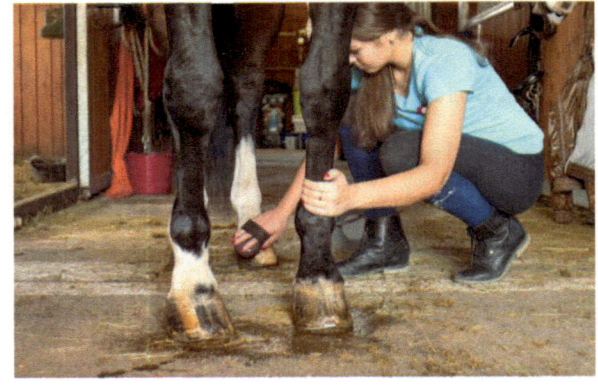

Die Reiterin pflegt das Pferd.

Wen oder was pflegt die Reiterin?

Antwort: das Pferd.

Jemand putzt das Fenster.

Wen oder was putzt jemand?

Antwort: das Fenster.

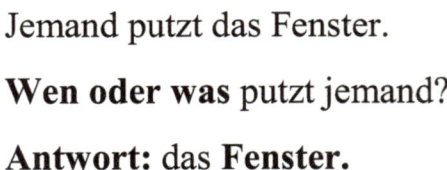

Mit einer Präposition nach einem Fall fragen

In manchen Sätzen muss man vor das Fragewort des Falles eine Präposition setzen, um die Frage nach dem Fall zu stellen.

Beispiele:

Er fuhr mit seinen Eltern in den Urlaub.
Frage: **Mit wem** fuhr er in den Urlaub?
Antwort: mit seinen **Eltern**
Hier kann man nicht fragen: Wem fuhr er in den Urlaub?

Anna kam ohne ihre Freundin.
Frage: **Ohne wen oder was** kam Anna?
Antwort: ohne ihre **Freundin**
Hier kann man nicht fragen: Wen oder was kam Anna?

Das Haus befindet sich hinter dem Brunnen.
Frage: **Hinter wem** befindet sich das Haus?
Antwort: hinter dem **Brunnen**
Hier kann man nicht fragen: Wem ist der Brunnen?

Sara bummelt mit dem Freund ihres Bruders durch die Stadt.
Frage: **Mit wessen** Freund bummelt Sara durch die Stadt?
Antwort: mit dem ihres **Bruders**
Hier kann man nicht fragen: Wessen Freund bummelt Sara durch die Stadt?

3. Deklination

Bei folgenden Wortarten nennt man die möglichen Formabwandlungen
Deklination: **Nomen, Artikel, Adjektiv, Numerale und Pronomen**

Herkunft Deklination: lat. declinatio, eigtl. = Abbiegung

Dekliniert wird:		
der Kasus (Fall)	Nominativ Genitiv Dativ Akkusativ	Werfall Wesfall Wemfall Wenfall
der Numerus (Zahl)	Singular Plural	Einzahl Mehrzahl
das Genus (grammatikalisches Geschlecht)	Maskulinum Femininum Neutrum	männliches Geschlecht weibliches Geschlecht sächliches Geschlecht

Beispiel: Deklination des Nomens „Hund"

Der Hund ist im Wasser.   **Nominativ**
Das Fell **des Hundes** ist braun und weiß.   **Genitiv**
Er gibt **dem Hund** einen Knochen.   **Dativ**
Lisa mag **den Hund.**   **Akkusativ**

Abschnitt 4

Die Veränderung des Artikels

1. Die vier Fälle des bestimmten Artikels im Singular

Es gibt drei verschiedene bestimmte Artikel (der, die, das). Diese Artikel können auch in den vier Fällen stehen.

Die vier Fälle beim bestimmten Artikel *der* lauten:

der   des   dem   den

Beispiele:

1. Fall, Nominativ
Der Regenbogen ist am Himmel.

2. Fall, Genitiv
Die Farben **des Regenbogens** sind schön.

3. Fall, Dativ
Er lässt sich mit **dem Regenbogen** fotografieren.

4. Fall, Akkusativ
Sie mag **den Regenbogen.**

1. Fall, Nominativ
Der Stängel hat Dornen.

2. Fall, Genitiv
Die Länge **des Stängels** ist unbekannt.

3. Fall, Dativ
Er verletzt sich mit **dem Stängel.**

4. Fall, Akkusativ
Das Kind zieht **den Stängel** heraus.

Die vier Fälle beim bestimmten Artikel *die* lauten:

die   der   der   die

Beispiele:

1. Fall, Nominativ
Die Wüste ist heiß.

2. Fall, Genitiv
Die Hitze **der Wüste** ist unerträglich.

3. Fall, Dativ
Viele Tiere leben in **der Wüste.**

4. Fall, Akkusativ
Der Mann wanderte durch **die Wüste.**

1. Fall, Nominativ
Die Ziege neigt ihren Kopf.

2. Fall, Genitiv
Die Hörner **der Ziege** sind spitz.

3. Fall, Dativ
Er möchte nicht mit **der Ziege** kämpfen.

4. Fall, Akkusativ
Die Kinder suchen **die Ziege.**

Die vier Fälle beim bestimmten Artikel *das* lauten:

das   des   dem   das

Beispiele:

<u>1. Fall, Nominativ</u>
Das Essen sieht lecker aus.

<u>2. Fall, Genitiv</u>
Der Preis **des Essens** war nicht hoch.

<u>3. Fall, Dativ</u>
Das Kleinkind greift nach **dem Essen.**

<u>4. Fall, Akkusativ</u>
Die Leute mochten **das Essen.**

<u>1. Fall, Nominativ</u>
Das Brot kaufte er beim Bäcker.

<u>2. Fall, Genitiv</u>
Die Kruste **des Brotes** ist knusprig.

<u>3. Fall, Dativ</u>
Das Brot liegt auf **dem Brett.**

<u>4. Fall, Akkusativ</u>
Papa holt **das Brot** vom Bäcker.

2. Die vier Fälle des bestimmten Artikels im Plural

Die Artikel im Plural werden zwar ebenfalls fallweise dekliniert, aber mit identischen Formen bei den verschiedenen Artikeln (der, die und das).

<u>Singular:</u> **der** Bär   **die** Ente   **das** Blatt

<u>Nominativ Plural</u>
die Bären, **die** Enten, **die** Blätter

<u>Genitiv Plural</u>
der Bären, **der** Enten, **der** Blätter

<u>Dativ Plural</u>
den Bären, **den** Enten, **den** Blättern

<u>Akkusativ Plural</u>
die Bären, **die** Enten, **die** Blätter

Beispielsätze im Plural

1. Fall, Nominativ
Die Bären spielten im Wasser.

Die Enten wurden gefüttert.

Die Blätter lagen am Boden.

2. Fall, Genitiv
Das Fell **der Bären war** schmutzig.

Die Köpfe **der Enten** sind bunt.

Die Farbe **der Blätter** war leuchtend.

3. Fall, Dativ
Der Tierpfleger gibt **den Bären** Futter.

Die Kinder werfen **den Enten** Brot zu.

Das Kind bastelt etwas mit **den Blättern.**

4. Fall, Akkusativ
Tim fotografiert **die Bären.**

Sarah holt **die Enten.**

Der Mann hebt **die Blätter** auf.

Übersicht über die bestimmten Artikel in den vier Fällen

Singular	Maskulinum	Femininum	Neutrum
Nominativ	der Tag	die Rose	das Bild
Genitiv	des Tages	der Rose	des Bildes
Dativ	dem Tag	der Rose	dem Bild
Akkusativ	den Tag	die Rose	das Bild

Plural	Maskulinum	Femininum	Neutrum
Nominativ	die Tage	die Rosen	die Bilder
Genitiv	der Tage	der Rosen	der Bilder
Dativ	den Tagen	den Rosen	den Bildern
Akkusativ	die Tage	die Rosen	die Bilder

3. Die vier Fälle des unbestimmten Artikels im Singular

Hier folgt eine Übersicht der bestimmten und unbestimmten Artikel.

Geschlecht	Bestimmter Artikel	Unbestimmter Artikel
Maskulinum	der Baum	ein Baum
Femininum	die Schule	eine Schule
Neutrum	das Kleid	ein Kleid

eine Straße

ein Zopf

ein Segelboot

Die unbestimmten Artikel können auch in den vier Fällen stehen.

Die vier Fälle beim unbestimmten Artikel *ein* (Maskulinum) lauten:

ein   eines   einem   einen

Beispiele:

1. Fall, Nominativ
Ein Ofen kann sehr nützlich sein.

2. Fall, Genitiv
Die Preise **eines Ofens** unterscheiden sich.

3. Fall, Dativ
Paul fährt mit **einem Ofen** ins Lager.

4. Fall, Akkusativ
Die Familie braucht **einen Ofen.**

1. Fall, Nominativ
Ein Papagei frisst Körner.

2. Fall, Genitiv
Das Gefieder **eines Papageis** ist bunt.

3. Fall, Dativ
Er fährt mit **einem Papagei** zum Tierarzt.

4. Fall, Akkusativ
Sie füttert **einen Papagei.**

Die vier Fälle beim unbestimmten Artikel *eine* (Femininum) lauten:

eine   einer   einer   eine

Beispiele:

1. Fall, Nominativ
Eine Lehrerin wurde eingestellt.

2. Fall, Genitiv
Die Bezahlung **einer Lehrerin** kann
unterschiedlich sein.

3. Fall, Dativ
Die Schüler sind mit **einer Lehrerin** im
Klassenzimmer.

4. Fall, Akkusativ
Die Kinder brauchen **eine Lehrerin.**

1. Fall, Nominativ
Eine Schülerin rechnet gerade.

2. Fall, Genitiv
Der Pulli **einer Schülerin** ist gelb.

3. Fall, Dativ
Die Lehrerin hilft **einer Schülerin** bei
einer Rechenaufgabe.

4. Fall, Akkusativ
Herr Paulus versetzt **eine Schülerin**
in die erste Reihe.

Die vier Fälle beim unbestimmten Artikel *ein* (Neutrum) lauten:

ein   eines   einem   ein

<u>**Beispiele:**</u>

<u>1. Fall, Nominativ</u>
Ein Fußballfeld ist rechteckig.

<u>2. Fall, Genitiv</u>
Die Linien **eines Fußballfelds** sind weiß.

<u>3. Fall, Dativ</u>
Der Ball liegt auf **einem Fußballfeld.**

<u>4. Fall, Akkusativ</u>
Der Verein kauft **ein Fußballfeld.**

<u>1. Fall, Nominativ</u>
Ein Flugzeug hebt ab.

<u>2. Fall, Genitiv</u>
Der Pilot **eines Flugzeugs** wurde krank.

<u>3. Fall, Dativ</u>
Heute reist er mit **einem Flugzeug.**

<u>4. Fall, Akkusativ</u>
Der Mechaniker repariert **ein Flugzeug.**

Übersicht über die unbestimmten Artikel in den vier Fällen

Singular	Maskulinum	Femininum	Neutrum
Nominativ	ein Tag	eine Rose	ein Bild
Genitiv	eines Tages	einer Rose	eines Bildes
Dativ	einem Tag	einer Rose	einem Bild
Akkusativ	einen Tag	eine Rose	ein Bild

Der unbestimmte Artikel kommt nur im Singular vor. Der Plural steht ohne Artikel oder man verwendet Ersatzwörter wie mehrere, einige usw.

Beispiele: Er hat sich mehrere Bilder angeschaut.

Einige Rosen sind in der Vase.

Morgen kaufen wir uns neue Bücher.

Wir sollten mehr Stühle kaufen.

Abschnitt 5

Die Veränderung des Adjektivs

Wird das Adjektiv vor einem Nomen gebraucht, dann muss es dekliniert werden. Es muss also in Fall (Kasus), Numerus (Einzahl oder Mehrzahl) und Genus (Geschlecht) mit dem Nomen, zu dem es gehört, übereinstimmen.

Beispiele: ein reif**er** Apfel

der blau**e** Briefumschlag

Deklination des Adjektivs mit dem bestimmten Artikel

Singular	Maskulinum	Femininum	Neutrum
Nominativ	der junge Mann	die alte Frau	das kleine Kind
Genitiv	des jungen Mannes	der alten Frau	des kleinen Kindes
Dativ	dem jungen Mann	der alten Frau	dem kleinen Kind
Akkusativ	den jungen Mann	die alte Frau	das kleine Kind
Plural	**Maskulinum**	**Femininum**	**Neutrum**
Nominativ	die jungen Männer	die alten Frauen	die kleinen Kinder
Genitiv	der jungen Männer	der alten Frauen	der kleinen Kinder
Dativ	den jungen Männern	den alten Frauen	den kleinen Kindern
Akkusativ	die jungen Männer	die alten Frauen	die kleinen Kinder

Deklination des Adjektivs mit dem unbestimmten Artikel

Singular	Maskulinum	Femininum	Neutrum
Nominativ	ein junger Mann	eine alte Frau	ein kleines Kind
Genitiv	eines jungen Mannes	einer alten Frau	eines kleinen Kindes
Dativ	einem jungen Mann	einer alten Frau	einem kleinen Kind
Akkusativ	einen jungen Mann	eine alte Frau	ein kleines Kind

Beispielsätze:

Wir schauen uns heute **einen spannenden Film** an.

Mein Kollege hilft **einem neuen Mitarbeiter** bei seiner Aufgabe.

Ich brauche **eine neue Hose.**

Eine schöne Distel blüht in unserem Garten.

Deklination des Adjektivs ohne Artikel

Werden Adjektive vor einem Nomen ohne Artikel gebraucht, werden sie folgendermaßen dekliniert.

Singular	Maskulinum	Femininum	Neutrum
Nominativ	warmer Wind	grelle Kleidung	heißes Wetter
Genitiv	warmen Windes	greller Kleidung	heißen Wetters
Dativ	warmem Wind	greller Kleidung	heißem Wetter
Akkusativ	warmen Wind	grelle Kleidung	heißes Wetter
Plural	**Maskulinum**	**Femininum**	**Neutrum**
Nominativ	neue Hosen	schöne Farben	lustige Filme
Genitiv	neuer Hosen	schöner Farben	lustiger Filme
Dativ	neuen Hosen	schönen Farben	lustigen Filmen
Akkusativ	neue Hosen	schöne Farben	lustige Filme

Beispielsätze:

Heißes Wetter kann meine Großmutter überhaupt nicht vertragen.

Gute Kleidung kann man in diesem Geschäft kaufen.

Sie spürt **warmen Wind.**

Mein Sohn braucht **neue Hosen.**

Er hat **lustige Filme** mitgebracht.

Flieder gibt es in **schönen Farben.**

Das Kind malt mit **bunten Stiften.**

Abschnitt 6

Die Veränderung der Pronomen

1. Die Personalpronomen in den vier Fällen

Personalpronomen sind Wörter, die man für Nomen einsetzen kann.
So muss man das jeweilige Nomen nicht ständig wiederholen. Man
unterscheidet beim Personalpronomen zwischen 1., 2. und 3. Person.

1. Person Singular	= der Sprecher	= ich
2. Person Singular	= der Hörer	= du
3. Person Singular	= die Person, oder Sache, über die gesprochen wird	= er, sie, es
1. Person Plural	= der Sprecher und andere	= wir
2. Person Plural	= der Hörer und andere	= ihr
3. Person Plural	= Personen oder Sachen, über die gesprochen wird	= sie

Auch die Personalpronomen können in verschiedenen Fällen stehen.

Nominativ	**Dativ**	**Akkusativ**
Ich helfe.	Er hilft **mir**.	Er rettet **mich**.
Du hilfst.	Er hilft **dir**.	Er rettet **dich**.
Er hilft.	Er hilft **ihm**.	Er rettet **ihn**.
Sie hilft.	Er hilft **ihr**.	Er rettet **sie**.
Es hilft.	Er hilft **ihm**.	Er rettet **es**.
Wir helfen.	Er hilft **uns**.	Er rettet **uns**.
Ihr helft.	Er hilft **euch**.	Er rettet **euch**.
Sie helfen.	Er hilft **ihnen**.	Er rettet **sie**.

Beispielsätze:

Er hat **ihn** (den Frosch) fotografiert.

Maria besuchte **sie** (die Nachbarin).

Er hilft **ihm** (dem Mann) bei der Arbeit.

Die Lehrerin unterstützt **sie** (die Schüler).

Personalpronomen im Genitiv

Die Personalpronomen im Genitiv werden eher selten verwendet und lauten wie folgt:

1. Person Singular	**meiner**
2. Person Singular	**deiner**
3. Person Singular	**seiner/ihrer/seiner**
1. Person Plural	**unser**
2. Person Plural	**euer**
3. Person Plural	**ihrer**

Maria erinnerte sich **seiner**

<u>Beispielsätze:</u>

Ich war ganz Herr **meiner** selbst.

Die Kinder erinnerten sich **seiner.**

Heute gedachte man **ihrer.**

Ich schäme mich **deiner.**

Wir wollen die Toten nicht vergessen, deshalb gedenken wir **ihrer.**

Das Personalpronomen in der Höflichkeitsform

Im Deutschen gibt es zwei Möglichkeiten der Anrede an einen oder mehrere Zuhörer: die vertraute Form „du/ihr" und die höfliche Form „Sie". Die Personalpronomen der höflichen Anrede werden immer großgeschrieben.

Höflichkeitsform	
Nominativ	Sie
Genitiv	Ihrer
Dativ	Ihnen
Akkusativ	Sie

Beispielsätze:

Ich werde **Sie** morgen anrufen.

Wir werden **Ihrer** gedenken.

Sie können mir das Paket geben.

Mein Kollege wird **Ihnen** in zwei Tagen Bescheid geben.

Übersicht über die Personalpronomen in den vier Fällen

Singular	Nominativ	Genitiv	Dativ	Akkusativ
	ich	meiner	mir	mich
	du	deiner	dir	dich
	er	seiner	ihm	ihn
	sie	ihrer	ihr	sie
	es	seiner	ihm	es
Plural	**Nominativ**	**Genitiv**	**Dativ**	**Akkusativ**
	wir	unser	uns	uns
	ihr	euer	euch	euch
	sie	ihrer	ihnen	sie

2. Die Possessivpronomen in den vier Fällen

Das Possessivpronomen steht in der Regel vor einem Nomen, da es sagt, wem etwas gehört. Auch die Possessivpronomen können in verschiedenen Fällen stehen. Die Endungen des Possessivpronomens beziehen sich immer auf die Person oder Sache, die hinter dem Possessivpronomen steht.

Beispiele:

Das ist **meine** <u>Handtasche</u>. (Nominativ, Singular, feminin)

Ich kenne **ihre** <u>Söhne.</u> (Akkusativ, Plural, maskulin)

Unser Gemüsehändler hat eine große Auswahl

Sam lernt mit **seiner** Freundin

Das nette Mädchen liebt **seine** bunte Schultüte

Der Schwimmlehrer **meiner** Tochter ist sehr nett

Die Possessivpronomen im Nominativ – Übersicht

Singular			Plural
Maskulinum	**Femininum**	**Neutrum**	**Mask. + Fem. + Neutr.**
mein Tisch	**meine** Blume	**mein** Bild	**meine** Stühle
dein Tisch	**deine** Blume	**dein** Bild	**deine** Stühle
sein Tisch	**seine** Blume	**sein** Bild	**seine** Stühle
ihr Tisch	**ihre** Blume	**ihr** Bild	**ihre** Stühle
sein Tisch	**seine** Blume	**sein** Bild	**seine** Stühle
unser Tisch	**unsere** Blume	**unser** Bild	**unsere** Stühle
euer Tisch	**eure** Blume	**euer** Bild	**eure** Stühle
ihr Tisch	**ihre** Blume	**ihr** Bild	**ihre** Stühle

<u>Beispielsätze im Nominativ:</u>

Eure Katze ist aber niedlich.

Meine Stühle sind ganz neu.

Ihr Bild hängt an der Wand.

Unser Sohn muss noch viel üben.

Sein Hemd hängt im Kleiderschrank.

Deine Tochter hat mich gestern besucht.

Die Possessivpronomen in der höflichen Anrede im Nominativ lauten.

Ihr Tisch   **Ihre** Blume   **Ihr** Bild   **Ihre** Stühle

Die Possessivpronomen im Genitiv

Beispiele

Die Tochter **meiner** Freundin verbringt gerade ihren Urlaub am Meer

Die Begeisterung **unserer** Tochter war verständlich

Possessivpronomen im Genitiv – Übersicht

	Maskulinum + Neutrum	**Femininum + Plural**
1. Person Singular	mein**es**	mein**er**
2. Person Singular	dein**es**	dein**er**
3. Person Singular *(m)*	sein**es**	sein**er**
3. Person Singular *(f)*	ihr**es**	ihr**er**
3. Person Singular *(n)*	sein**es**	sein**er**
1. Person Plural	unser**es**	unser**er**
2. Person Plural	eur**es**	eur**er**
3. Person Plural	ihr**es**	ihr**er**

Die Possessivpronomen im Dativ – Übersicht

	Maskulinum + Neutrum	Femininum	Plural
1. Person Singular	mein**em**	mein**er**	mein**en**
2. Person Singular	dein**em**	dein**er**	dein**en**
3. Person Singular *(m)*	sein**em**	sein**er**	sein**en**
3. Person Singular *(f)*	ihr**em**	ihr**er**	ihr**en**
3. Person Singular *(n)*	sein**em**	sein**er**	sein**en**
1. Person Plural	unser**em**	unser**er**	unser**en**
2. Person Plural	eur**em**	eur**er**	eur**en**
3. Person Plural	ihr**em**	ihr**er**	ihr**en**

Beispielsätze

Peter hilft **unserem** Nachbarn.

Sollen wir mit **ihrem** Auto fahren?

Der Arzt spricht mit **seinem** Patienten.

Sie kann **euren** Kindern gute Tipps geben.

Wir werden **ihrer** Schwester die Post schicken.

Es wäre gut, mit **ihren** Ausarbeitungen zu beginnen.

Es ist unmöglich, mit **seinen** Leuten eine Vereinbarung zu treffen.

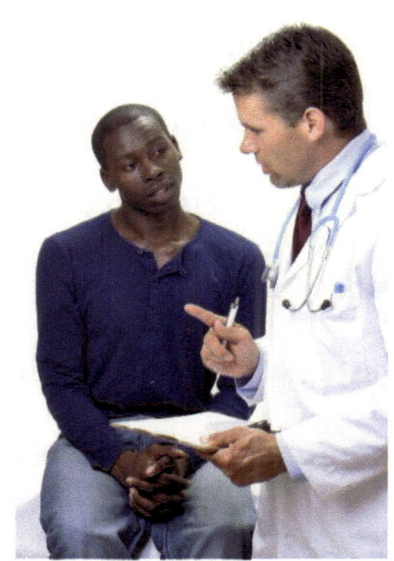

Die Possessivpronomen im Akkusativ – Übersicht

	Maskulinum	**Femininum**	**Neutrum**	**Plural**
1. Person Singular	mein**en**	meine	mein	meine
2. Person Singular	dein**en**	deine	dein	deine
3. Person Singular *(m)*	sein**en**	seine	sein	seine
3. Person Singular *(f)*	ihr**en**	ihre	ihr	ihre
3. Person Singular *(n)*	sein**en**	seine	sein	seine
1. Person Plural	unser**en**	unsere	unser	unsere
2. Person Plural	eur**en**	eure	euer	eure
3. Person Plural	ihr**en**	ihre	ihr	ihre

Beispielsätze

Ich helfe **euren** Kindern.

Er umarmt **seine** Freundin.

Sandy unterrichtet **ihre** Klasse.

Sie passen auf **unsere** Kinder auf.

Morgen feiern wir **meinen** Geburtstag.

Peter verdient **seinen** Lebensunterhalt in unserer Firma.

3. Die Indefinitpronomen in den vier Fällen

Indefinitpronomen (unbestimmte Fürwörter) lassen unbestimmt, wovon oder von wem die Rede ist. Die wichtigsten Indefinitpronomen sind: man, niemand, jemand, einer, keiner, jeder, jedermann, mancher, irgendeiner, einige, mehrere, viele, alle, wenige, etliche, nichts, irgendetwas und etwas.

Unveränderte Indefinitpronomen

Die Indefinitpronomen werden teils dekliniert, teils bleiben sie unverändert. Folgende Indefinitpronomen bleiben unverändert:

etwas   irgendetwas   nichts   man

Beispielsätze:

Irgendetwas versteht sie nicht   **Man** sollte nicht spicken

Sie konnte **nichts** kaufen   Die Frau bezahlt **etwas**

45

Deklinierte Indefinitpronomen

Die Indefinitpronomen jemand, jedermann, niemand usw. werden dekliniert.

Indefinitpronomen	jemand	niemand	jedermann	keiner
Nominativ	jemand	niemand	jedermann	keiner
Genitiv	jemandes	niemandes	jedermanns	keines
Dativ	jemand(em)	niemand(em)	jedermann	keinem
Akkusativ	jemand(en)	niemand(en)	jedermann	keinen

Beispielsätze:

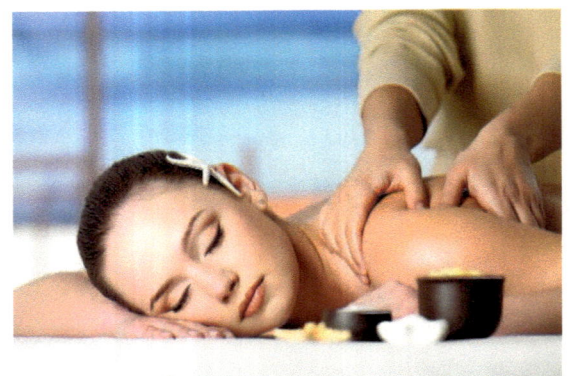

Jemand massiert die Frau

Jemandes Kind ist müde

Der Junge flüstert **jemandem**
etwas ins Ohr

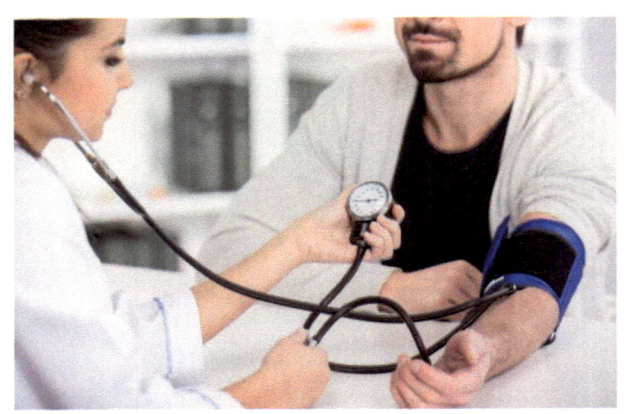

Die Ärztin untersucht **jemanden**

4. Die Interrogativpronomen in den vier Fällen

Das Interrogativpronomen (fragendes Fürwort) wird verwendet, um nach jemandem oder etwas zu fragen, den/das man noch nicht kennt. Es steht anstelle eines Nomens und leitet eine Frage ein. Das Interrogativpronomen gibt es auch in den vier Fällen.

Es gibt folgende Interrogativpronomen: wer, was, welcher, welche, welches, was für (ein).

Interrogativpronomen *wer* und *was* im Überblick

	Maskulinum/ Femininum	Neutrum
Nominativ	wer	was
Genitiv	wessen	wessen
Dativ	wem	wem
Akkusativ	wen	was

Beispiele:

 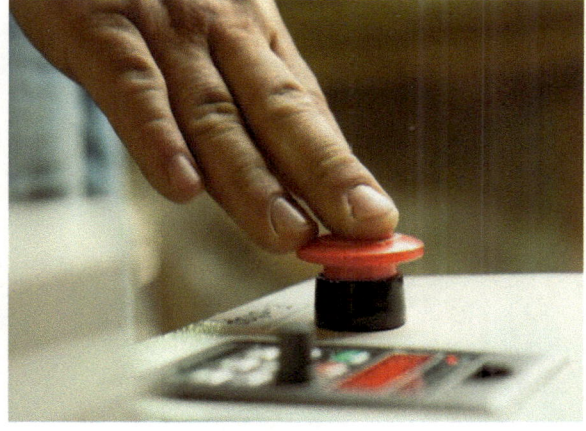

Wessen Korb ist das?   **Wer** drückt auf den Knopf?

47

Wem gehört das Fahrrad?   **Wen** küsst der Mann?

Was repariert der Mann?

Die Interrogativpronomen *welcher, welche, welches* und *was für (ein)* werden hauptsächlich als Begleiter eines Nomens verwendet.

Beispiele:

Welche Telefonnummer brauchst du?   Welchen Lampion möchtest du?

Interrogativpronomen *welcher, welche* und *welches* im Überblick

Singular	Maskulinum	Femininum	Neutrum
Nominativ	welcher	welche	welches
Genitiv	welches(n)	welcher	welches(n)
Dativ	welchem	welcher	welchem
Akkusativ	welchen	welche	welches

Plural	Maskulinum	Femininum	Neutrum
Nominativ	welche	welche	welche
Genitiv	welcher	welcher	welcher
Dativ	welchen	welchen	welchen
Akkusativ	welche	welche	welche

Beispiele:

Welche Tulpen gefallen dir?

Welches Angebot wählst du?

49

Interrogativpronomen *was für (ein)* im Überblick

Singular	Maskulinum	Femininum	Neutrum
Nominativ	was für ein?	was für eine?	was für ein?
Genitiv	was für eines?	was für einer?	was für eines?
Dativ	was für einem?	was für einer?	was für einem?
Akkusativ	was für einen?	was für eine?	was für ein?

Bei der Bestimmung der Wortarten gilt das Pronomen *was für (ein)* als ein Wort.

Beispiele:

<u>Was für ein</u> Häppchen möchtest du gerne probieren?

<u>Was für einer</u> Frau würdest du einen Heiratsantrag machen?

<u>Was für einem</u> Menschen würdest du niemals deine Hilfe anbieten?

Plural	Maskulinum	Femininum	Neutrum
Nominativ	was für ...?	was für ...?	was für ...?
Genitiv	was für ...?	was für ...?	was für ...?
Dativ	was für ...?	was für ...?	was für ...?
Akkusativ	was für ...?	was für ...?	was für ...?

Beispiele:

<u>Was für</u> Fleisch soll ich zum Mittagessen zubereiten?

Mit <u>was für</u> Leuten hast du dich getroffen?

5. Die Demonstrativpronomen in den vier Fällen

Demonstrativpronomen (hinweisende Fürwörter) wie zum Beispiel dieser, jener, solcher, derselbe, derjenige, selbst/selber, der, die und das weisen auf eine Person oder Sache hin. Die Demonstrativpronomen werden auch an die vier Fälle angepasst.

Beispielsätze:

Jene Schuhe gefallen mir.

Die Farbe **jener** Schuhe ist weiß.

Mit **jenen** Schuhen sieht sie gut aus.

Sie kaufte **jene** Schuhe in der Stadt.

Solche Pflanzen gefallen mir.

Die Blüten **solcher** Pflanzen sind schön.

Mit **solchen** Pflanzen kann man sie erfreuen.

Über **solche** Pflanzen freut sie sich.

Veränderung des Demonstrativpronomens *dieser* in den vier Fällen

Singular	Maskulinum	Femininum	Neutrum
Nominativ	dieser	diese	dieses
Genitiv	dieses	dieser	dieses
Dativ	diesem	dieser	diesem
Akkusativ	diesen	diese	dieses

Plural	Maskulinum	Femininum	Neutrum
Nominativ	diese	diese	diese
Genitiv	dieser	dieser	dieser
Dativ	diesen	diesen	diesen
Akkusativ	diese	diese	diese

Beispiele:

Diese Schülerin ist sehr fleißig

Mit **diesen** Mitarbeitern ist unser Chef sehr zufrieden

Der Balkon **dieses** Hauses ist aus Metall

6. Die Reflexivpronomen in den vier Fällen

Das Reflexivpronomen zeigt, dass sich eine Handlung oder ein Gefühl auf eine Person zurückbezieht. Wenn man das Wörtchen „selbst" ergänzen kann, handelt es sich um ein Reflexivpronomen.

Es gibt kein Reflexivpronomen im Nominativ und die Verwendung im Genitiv ist eher selten.

Beispiele:

Ich habe **mich** gefreut

Wir sehnen **uns** nach einem eigenen Haus

Das Kind ärgert **sich**

Ihr bewegt **euch**

Veränderung des Reflexivpronomens in den vier Fällen

Singular	1. Person	2. Person	3. Person
Nominativ	–	–	–
Genitiv	meiner	deiner	seiner/ihrer
Dativ	mir	dir	sich
Akkusativ	mich	dich	sich

Plural	1. Person	2. Person	3. Person
Nominativ	–	–	–
Genitiv	unser	euer	ihrer
Dativ	uns	euch	sich
Akkusativ	uns	euch	sich

Beispielsätze:

Er freut **sich** über seinen Führerschein.

Ihr seid **euer** (selbst) nicht mehr mächtig.

Die Eltern kümmern **sich** um das Kind.

Ihr müsst **euch** nach dem Weg erkundigen.

Ich habe **mich** geirrt.

Du hast **dich** im Bett gestreckt.

Ihr beeilt **euch**.

7. Die Relativpronomen in den vier Fällen

Das Relativpronomen stellt einen Bezug zu einem früher erwähnten Wort her.
Die Relativpronomen **der, die** und **das** werden wie folgt dekliniert:

Kasus	Maskulinum	Femininum	Neutrum	Plural
Nominativ	der	die	das	die
Genitiv	dessen	deren	dessen	deren
Dativ	dem	der	dem	denen
Akkusativ	den	die	das	die

Beispiele:

Die Sandburg, **die** sie gebaut hatten, war einmalig

Unsere Kinder, **denen** das Malen gefallen hat, sind sehr zufrieden

Ob das Relativpronomen im Nominativ, Dativ, Genitiv oder Akkusativ steht, hängt von den Informationen des zweiten Satzes ab.

Beispiele:

Die Frau ist Floristin. **Ihr** gehören mehrere Geschäfte.

↓   ↓

Bezugswort = Femininum Dativ

Wenn man aus den beiden obigen Sätzen einen Satz bilden möchte, muss man aufpassen in welchem Fall das Relativpronomen zu stehen hat. Das Wort „ihr" im zweiten Satz steht im Dativ und soll durch ein Relativpronomen ersetzt werden. Aus diesem Grund muss das Relativpronomen auch im Dativ stehen.

Die Frau, **der** mehrere Geschäfte gehören, ist Floristin.

↓

Dativ / Femininum

Herr Meier erklärt gut. Der Unterricht **des Lehrers** ist interessant.

↓   ↓

Bezugswort = Maskulinum   Genitiv

Herr Meier, **dessen** Unterricht interessant ist, erklärt gut.

↓

Genitiv / Maskulinum

Beispiele für Relativpronomen im Nominativ

- **Der Mann** heißt Simon. **Er** kommt aus München.

  Bezugswort = Maskulinum   Nominativ

  Der Mann, **der** aus München kommt, heißt Simon.

  Relativpronomen im Nominativ / Maskulinum

- **Die Frau** mag Gemüse. **Sie** kocht gut.

  Bezugswort = Femininum   Nominativ

  Die Frau, **die** Gemüse mag, kocht gut.

  Relativpronomen im Nominativ / Femininum

- **Das Mädchen** hat Geburtstag. **Es** ist seine Tochter.

  Bezugswort = Neutrum   Nominativ

  Das Mädchen, **das** Geburtstag hat, ist seine Tochter.

  Relativpronomen im Nominativ / Neutrum

- **Die Leute** kommen. **Sie** sind eingeladen.

  Bezugswort im Plural   Nominativ

  Die Leute, **die** kommen, sind eingeladen.

  Relativpronomen im Nominativ / Plural

Beispiele für Relativpronomen im Genitiv

- **Der Junge** spielt gut Fußball. Der Trainer **des Jungen** ist hervorragend.

  Bezugswort = Maskulinum   Genitiv

  Der Junge, **dessen** Trainer hervorragend ist, spielt gut Fußball.

  Relativpronomen im Genitiv / Maskulinum

- **Die Leute** sind am Flughafen. Die Flüge **der Leute** haben Verspätung.

  Bezugswort = Plural   Genitiv

  Die Leute, **deren** Flüge Verspätung haben, sind am Flughafen.

  Relativpronomen im Genitiv / Plural

Beispiele für Relativpronomen im Dativ und Akkusativ

- **Der Kuchen** ist lecker. Maria hat **ihn** gebacken.

  Bezugswort = Maskulinum   Akkusativ

  Der Kuchen, **den** Maria gebacken hat, ist lecker.

  Relativpronomen im Akkusativ / Maskulinum

- **Peter** ist wohlhabend. **Ihm** gehört dieses Haus.

  Bezugswort = Maskulinum   Dativ

  Peter, **dem** dieses Haus gehört, ist wohlhabend.

  Relativpronomen im Dativ / Maskulinum

- **Unsere Mieter** sind zufrieden. Die Wohnung hat **ihnen** gefallen.

  Bezugswort = Plural   Dativ

  Unsere Mieter, **denen** die Wohnung gefallen hat, sind zufrieden.

  Relativpronomen im Dativ / Plural

Abschnitt 7

Die Veränderung der Numeralien

Numeralien werden in unserer Sprache verwendet, um bestimmte oder unbestimmte Mengen zu beschreiben. Auf Deutsch heißen sie Zahlwörter.

Man kann die Zahlwörter in bestimmte und unbestimmte Zahlwörter einteilen.

Unbestimmte Zahlwörter geben eine unbestimmte Menge an.

Beispiele: viel, zahlreich, ein paar, wenig, einige, zahllos, alle

Dort sind **ein paar** Plätze frei

Sie verkaufen **viele** Äpfel

Einige Leute stehen im Stau

Etliche Leute mögen Sport

Bestimmte Zahlwörter geben eine exakte Menge an.

Beispiele: drei, hundert, zehn, tausend usw.

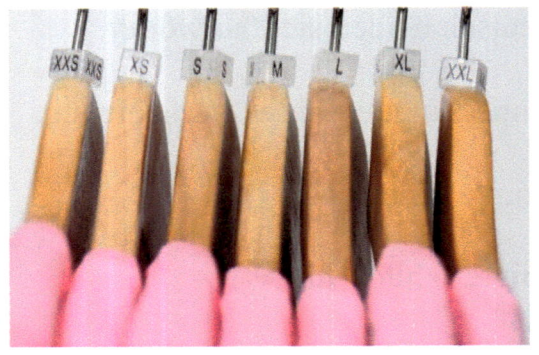

Wir haben **sieben** Kleiderbügel

Er hat **einundzwanzig** Briefmarken

Auch Numeralien können sich im Satz verändern, werden also dekliniert.

Beispiele:

Viele Äpfel hängen am Baum.

Die Farbe **vieler** Äpfel ist rot.

Ihr Bruder kommt mit **vielen** Äpfeln.

Sara kauft **viele** Äpfel auf dem Markt.

Einige Kinder sind unterwegs.

Die Fahrräder **einiger** Kinder sind neu.

Sie fahren mit **einigen** Kindern Fahrrad.

Der Busfahrer nimmt **einige** Kinder mit.

Bildnachweise:

S. 2 Kinder am Boden © inesbazdar 123rf.com Nr. 37055373
S. 5 Sanduhr © bee32 123rf.com Nr. 62385195
S. 7 Kind liest © Daniel Jędzura 123rf.com Nr. 52507957
S. 7 Mutter mit zwei Kindern © Mark Bowden 123rf.com Nr. 31066685
S. 8 Die Bäume © Filip Fuxa 123rf.com Nr. 13907518
S. 9 offenes Buch © olegdudko 123rf.com Nr. 43200350
S. 10 Mann schläft © Luca Bertolli 123rf.com Nr. 42253117
S. 10 Jungen am Meer © Graham Oliver 1123rf.com Nr. 10355420
S. 11 Mädchen mit Geschenk © yarruta 123rf.com Nr. 23576184
S. 11 Verkauf im Laden © deklofenak 123rf.com Nr. 45459959
S. 11 Mutter pflegt Kind © Kaspars Grinvalds 123rf.com Nr. 35923042
S. 11 Schülerin lernt © Cathy Yeulet 123rf.com Nr. 42164076
S. 13 kochende Frau © ariwasabi 1123rf.com Nr. 15892018
S. 13 Frau mit Kind © Martin Novak 123rf.com Nr. 31514063
S. 13 Mädchen mit Gitarre © Antonio Diaz 123rf.com Nr. 22568632
S. 15 Mutter kocht mit Kindern © Alena Ozerova 123rf.com Nr. 32558532
S. 15 Kosmetikerin mit Kundin © Gennadiy Poznyakov 123rf.com Nr. 15232721
S. 15 Frau mit Kind © Oksana Kuzmina 123rf.com Nr. 36834324
S. 17 Paar bummelt © Mark Bowden 123rf.com Nr. 33469258
S. 16 Junge mit Buch © famveldman 123rf.com Nr. 41386732
S. 16 Frau mit Pferd © sapocka 123rf.com Nr. 46001678
S. 26 Straße © trendobjects 123rf.com Nr. 34670230
S. 26 Frau mit Zopf © subbotina 123rf.com Nr. 14306245
S. 26 Segelboot © dimaberkut 123rf.com Nr. 35035554
S. 28 Lehrerin mit Klasse © dolgachov 123rf.com Nr.48691022
S. 28 Schülerin © dolgachov 123rf.com Nr. 35289717
S. 29 Fußballfeld © Kanate Chainapong 123rf.com Nr. 10090189
S. 29 Flugzeug © Jaromír Chalabala 123rf.com Nr. 21413792
S. 32 Briefumschlag © olegdudko 123rf.com Nr. 45389609
S. 37 Frau erinnert sich © Anastasia Vish 123rf.com Nr. 22649291
S. 37 Witwe © Katarzyna Białasiewicz 123rf.com Nr. 50658939
S. 38 Paketübergabe © belchonock 123rf.com Nr. 49329675
S. 40 Schwimmlehrer © goodluz 123rf.com Nr. 48978360
S. 40 Zwei Studenten © Cathy Yeulet 123rf.com Nr. 42119393
S. 40 Gemüsehändler © 36clicks 123rf.com Nr. 6726785
S. 40 Kind mit Schultüte © famveldman 123rf.com Nr. 58947786
S. 41 Schuljunge © Nataliia Prokofyeva 123rf.com Nr. 20865258
S. 42 Frau auf Boot © zoomteam 123rf.com Nr. 44049456
S. 42 begeistertes Kind © tan4ikk 123rf.com Nr. 20614659
S. 43 Arzt mit Patient © Chad Zuber 123rf.com Nr.1976166
S. 44 Lehrerin mit Klasse © Cathy Yeulet 123rf.com Nr. 42314378
S. 45 Schüler spickt © luckybusiness 123rf.com Nr. 22631742
S. 45 Frau mit leerem Geldbeutel © ariwasabi 123rf.com Nr. 16637281
S. 45 Frau bezahlt © Anna Bizoń 123rf.com Nr. 29045134
S. 45 Kind beim Lernen © lopolo 123rf.com Nr. 47432663
S. 46 Massage © domenicogelermo 123rf.com Nr. 12460925
S. 46 müdes Kind © Jean-Paul CHASSENET 1123rf.com Nr. 54118974
S. 46 Junge flüstert © stylephotographs 123rf.com Nr. 32309828
S. 46 Ärztin untersucht © Vadim Guzhva 123rf.com Nr. 34667787
S. 47 Hand auf Knopf © Dmytro Panchenko 123rf.com Nr. 43152469
S. 48 Reparatur Backofen © Ian Allenden 123rf.com Nr. 49640630
S. 48 küssendes Paar © Kamil Macniak 123rf.com Nr. 7890355
S. 48 Handy in der Hand © Andrii IURLOV 123rf.com Nr. 44532220
S. 51 Stöckelschuhe © leeavison 123rf.com Nr. 13443441
S. 52 Mitarbeiter © stylephotographs 123rf.com Nr. 40290402
S. 52 Schülerin © luckybusiness 123rf.com Nr. 21875782
S. 53 sich sehnen nach © feverpitched 123rf.com Nr. 42847561
S. 53 sich ärgern © Wavebreak Media Ltd 123rf.com Nr. 16058511
S. 53 sich bewegen © Andres Rodriguez 123rf.com Nr. 8097458
S. 53 Pilot © gstockstudio 123rf.com Nr. 33010594
S. 54 Mann mit Führerschein © Alexander Raths 123rf.com Nr. 10355207
S. 54 sich beeilen © Dmitriy Shironosov 123rf.com Nr. 4544870
S. 55 Sandburg © philipus 123rf.com Nr. 2197942
S. 55 Erzieherin mit Kindern © petro 123rf.com Nr. 28423104
S. 56 Floristin © kzenon 123rf.com Nr. 18344675
S. 56 Erdkundelehrer © Wavebreak Media Ltd 123rf.com Nr. 44843962
S. 57 Mann am Computer © Dmitriy Shironosov 123rf.com Nr. 46622400
S. 57 Frau mit Gemüse © monticello 123rf.com Nr. 25213009
S. 57 Kindergeburtstag © Svitlana Orlova 123rf.com Nr. 35361458
S. 57 Gäste © Iakov Filimonov 123rf.com Nr. 37567791
S. 58 Fußballtraining © Cathy Yeulet 123rf.com Nr. 41493324
S. 58 am Flughafen © Robert Wilson 123rf.com Nr. 6317298
S. 59 Schlüsselübergabe © Luca Bertolli 123rf.com Nr. 15665084
S. 59 Toreingang © iriana88w 123rf.com Nr. 30507653
S. 61 Zugabteil © Elena Shchipkova 123rf.com Nr. 40966109
S. 61 Äpfel zum Verkauf © progressman 123rf.com Nr. 39537547
S. 61 Stau © ginasanders 123rf.com Nr. 9009061
S. 61 Tänzerinnen © Val Thoermer 123rf.com Nr.33321881
S. 62 Kleiderbügel © Anatoly Fedotov 123rf.com Nr.39363404
S. 62 Briefmarken © Sergey Pykhonin 123rf.com Nr. 45945677
S. 62 Fahrradausflug © kzenon 123rf.com Nr. 22401280
Coverfoto Kinder mit Drachen © Jasmin Merdan 123rf.com Nr. 26328748
Coverdesign: © Christian Stefan
übrige Fotos © Marita Grübl